Printed in China

中华文化 Chinese Culture

成语故事 本领篇

Stories of Chinese Idioms about Ability

初级 – 中级

Beginner & Intermediate Levels

Better Chinese

中华文化 Chinese Culture

成语故事 本领篇

Stories of Chinese Idioms about Ability

初级 - 中级

Beginner & Intermediate Levels

Founder: Li-hsiang Yu 虞丽翔
Publisher: Chi-kuo Shen 沈启国
Illustrations by Better Chinese Ltd.
Published by Better Chinese Ltd.
P. O. Box 695
Palo Alto, CA 94302, USA
Tel: +1-650-384-0902
Email: usa@betterchinese.com
Web: www.BetterChinese.com

Simplified Chinese
First Edition 2010
First Print 2010
ISBN-13: 978-1-60603-294-7
ISBN-10: 1-60603-294-1

目录

zì xiāng máo dùn
自相矛盾

yǒu gè rén zài jiē shàng mài bīng qì
有个人在街上卖兵器。

kuài lái kàn ya wǒ de bīng qì dōu shì zuì hǎo de
“快来看呀！我的兵器都是最好的！”

zhè shì shén me yí gè lù rén zǒu guò lái wèn tā
“这是什么？”一个路人走过来问他。

zhè shì máo wǒ de máo hěn lì hai tā kě yǐ chuān tòu rèn hé dōng xi
“这是矛。我的矛很厉害，它可以穿透任何东西。”

zhè shì shén me
“这是什么？”

lù rén zhǐ zhe lìng wài yí jiàn bīng qì wèn tā
路人指着另外一件兵器问他。

zhè shì dùn wǒ de dùn yě hěn lì hai rèn hé dōng xi dōu bù néng chuān tòu tā
“这是盾。我的盾也很厉害，任何东西都不能穿透它。”

rú guǒ yòng nǐ de máo qù cì nǐ de dùn huì zěn
“如果用你的矛去刺你的盾，会怎

me yàng ne
么样呢？”

mài bīng qì de rén tīng
卖兵器的人听

le liǎn hóng le yí jù
了，脸红了，一句

huà yě shuō bù chū lái
话也说不出来。

【思考】

zhè gè rén shì shéi
1. 这个人是谁？

Who was the man?

tā zài mài shén me
2. 他在卖什么？

What was he trying to sell?

shén me shì máo shén me shì dùn
3. 什么是矛？什么是盾？

What is a Mao and what is a Dun?

zhè gè rén wèi shén me huì liǎn hóng
4. 这个人为什么会脸红？

Why did the man become red in the face?

rú guǒ nǐ shì tā nǐ huì zěn yàng mài nǐ de bīng qì
5. 如果你是他，你会怎样卖你的兵器？

If you were the man, how would you sell your weapons?

【生词】

自相	zì xiāng	to oneself
矛盾	máo dùn	contradictory
兵器	bīng qì	weapon
矛	máo	a spear-like weapon, lance
厉害	lì hai	fierce
穿透	chuān tòu	to penetrate
指着	zhǐ zhe	to point at
另外	lìng wài	another
盾	dùn	a shield-like weapon
刺	cì	to pierce, to jab

【英文】

Self-contradictory

Once a man was selling weapons on the street.
"Come and look! My weapons are the best."
"What is this?" a passerby asked.
"This is a Mao (a spear-like weapon). Nothing can match my Mao. It can pierce through anything."
"What is this?"
"This is a Dun (a shield). It is the best. Nothing in the world can penetrate it."
"What will happen if I jab your Dun with your Mao?" asked the passerby.
The man became red in the face and was left speechless.

kè zhōu qiú jiàn
刻舟求剑

yǒu gè rén zuò chuán guò hé
有个人坐船过河。

tū rán tā de jiàn diào jìn le hé lǐ
突然，他的剑掉进了河里。

kě shì zhè gè rén yì diǎn'r yě bù zháo jí
可是，这个人一点儿也不着急。

tā ná chū yì bǎ xiǎo dāo zài chuán shàng huà le
他拿出一把小刀，在船上划了

yí xià zuǐ lǐ shuō jiàn shì cóng zhè'r diào xià qù
一下，嘴里说："剑是从这儿掉下去

de
的。"

guò le yí huìr chuán dào le àn biān rén mèn dōu
过了一会儿，船到了岸边，人们都

xià chuán le
下船了。

zhè gè rén cóng tā zuò jì hào de dì fang tiào jìn le hé
这个人从他做记号的地方跳进了河

lǐ qù zhǎo tā de jiàn
里，去找他的剑。

dāng rán tā méi yǒu zhǎo dào
当然，他没有找到。

chuán fū gào sù tā jiàn diào jìn shuǐ lǐ chuán
船夫告诉他：“剑掉进水里，船

zǒu kě shì jiàn bù zǒu nǐ dāng rán zhǎo bú dào le
走，可是剑不走。你当然找不到了。”

【思考】

zhè gè dài jiàn de rén zài nǎ lǐ

1. 这个带剑的人在哪里？

Where was the man with the sword?

tā de jiàn zěn me le

2. 他的剑怎么了？

What happened to his sword?

zhè gè rén zuò le shén me

3. 这个人做了什么？

What did the man do?

tā dǎ suàn zěn yàng zhǎo huí tā de jiàn

4. 他打算怎样找回他的剑？

How was he planning to get his sword back?

zhè gè chéng yǔ shì shén me yì si

5. 这个成语是什么意思？

What does this idiom mean?

【生词】

刻	kè	to carve, cut
舟	zhōu	boat
求	qiú	to seek
剑	jiàn	sword
突然	tū rán	suddenly
掉	diào	to drop
着急	zháo jí	to worry about
岸边	àn biān	shore
记号	jì hào	notch, mark
当然	dāng rán	of course
打算	dǎ suàn	to plan

【英文】

Nick the boat to seek the sword

A man was crossing a river in a boat. By accident, he dropped his sword in the water.
But the man did not seem worried.
He calmly took out a small knife from his pocket and cut a notch on the railing at the spot where he dropped his sword. Talking to himself he said, "The sword went over at this spot."
After a while, the boat reached the shore and the passengers all got off.
The man then jumped into the water from where he had marked the railing and began to look for his sword.
Naturally, he could not find it.
The boatman said to him, "After your sword fell in the water, the boat kept going, but the sword couldn't follow. How could you possibly find it here?"

bá miáo zhù zhǎng
拔苗助长

yǒu yí gè nóng fū shì gè jí xìng zi tā tiān tiān dōu qù
有一个农夫，是个急性子。他天天都去

tián lǐ kàn hé miáo yǒu méi yǒu zhǎng gāo
田里，看禾苗有没有长高。

tā jué de hé miáo zhǎng de tài màn le
他觉得禾苗长得太慢了。

zěn yàng cái néng bāng zhù hé miáo zhǎng gāo ne
怎样才能帮助禾苗长高呢？

tā xiǎng le yí gè wǎn shàng xiǎng chū le yí gè bàn fǎ
他想了一个晚上，想出了一个办法。

dì èr tiān zǎo shàng tā lái dào tián lǐ bǎ hé miáo
第二天早上，他来到田里，把禾苗

yì kē yì kē wǎng shàng bá cóng zǎo shàng bá dào zhōng wǔ yǒu
一棵一棵往上拔。从早上拔到中午，又

cóng zhōng wǔ bá dào wǎn shàng
从中午拔到晚上。

jiù zhè yàng tā bǎ tián lǐ de hé miáo quán dōu wǎng shàng
就这样，他把田里的禾苗全都往上

bá le yí biàn
拔了一遍。

wǎn shàng huí dào jiā tā gāo xìng de duì jiā rén shuō
晚上，回到家，他高兴地对家人说：

jīn nián de zhuāng jia shéi yě bǐ bú shàng wǒ men de
“今年的庄稼，谁也比不上我们的。”

tā de qī zi wèn tā nǐ yǒu shén me hǎo bàn fǎ
他的妻子问他：“你有什么好办法？”

tā shuō jīn tiān wǒ bāng zhù hé miáo zhǎng gāo le
他说：“今天，我帮助禾苗长高了。”

tā de ér zi tīng le, bù míng bai shì zěn me huí shì, pǎo dào tián lǐ yi kàn。

他的儿子听了，不明白是怎么回事，跑到田里一看。

tián lǐ de hé miáo quán dōu sǐ le。

田里的禾苗全都死了。

【思考】

gù shi zhōng de nóng fū shì gè zěn yàng de rén

1. 故事中的农夫是个怎样的人？

What kind of personality traits does the farmer in the story have?

tā tiān tiān qù tián lǐ gàn shén me

2. 他天天去田里干什么？

Why did he go to the field each day?

tā duì tā de hé miáo mǎn yì ma

3. 他对他的禾苗满意吗？

Was he happy with his rice seedlings?

tā xiǎng chū le shén me bàn fǎ

4. 他想出了什么办法？

What idea did he come up with?

tā shì zěn me zuò de

5. 他是怎么做的？

How did he do it?

yòng le duō cháng shí jiān

6. 用了多长时间？

How long did he work in the field?

jié guǒ zěn me yàng

7. 结果怎么样？

What was the result?

【生词】

把 bǎ The 把-sentence indicates that an action is applied to somebody or something with the emphasis that the action will bring about a result or influence.

农夫	nóng fū	farmer	一遍	yí biàn	again, one pass, once
田	tián	farmland, cropland, field	庄稼	zhuāng jia	crops
长	zhǎng	to grow, be brought up	比不上	bǐ bú shàng	cannot compare to
觉得	jué de	feel; be aware; sense	妻子	qī zi	wife
怎样	zěn yàng	how	急性子	jí xìng zi	of impatient disposition; impetuous
才能	cái néng	only if, only then…can			
帮助	bāng zhù	help, aid, assist, assistance	禾苗	hé miáo	seedlings of cereal crops; grain seedling
办法	bàn fǎ	means, method, solution			
拔	bá	to raise up; to pull			

【英文】

Helping shoots grow by pulling them upward

There once was a farmer who was impatient by nature. He went out to his field each day to see if his rice seedlings had grown taller.
He felt that they were growing too slowly.
How could he help the seedlings grow faster?
He thought about it for a whole night and came up with a solution.
The next day, he went to his field and started to pull the seedlings up higher one by one. He worked from morning to noon, and then from noon until evening.
By nightfall, he had lifted every single one of the seedlings in the field up higher.
When he returned home that evening, he happily said to his family, "No one will be able to match the growth of our crops this year."
His wife asked him, "What bright idea have you come up with?"
He replied, "Today, I helped our seedlings grow taller."
His son did not understand what he meant.
He ran to the field and saw that all the seedlings in the field had died.

xiōng yǒu chéng zhú

胸有成竹

yǒu yí gè rén tā hěn xǐ huān huà zhú zi
有一个人，他很喜欢画竹子。

zài tā de jiā lǐ zhòng le hěn duō zhú zi shù
在他的家里，种了很多竹子树。

měi tiān tā dōu huì qù kàn zhè xiē zhú zi
每天，他都会去看这些竹子。

yì tiān tiān guò qù le zài tā de xīn lǐ jiù
一天天过去了，在他的心里，就

yǒu le hěn duō zhú zi de xíng xiàng
有了很多竹子的形象。

zhǐ yào kāi shǐ huà huà， píng shí
只要开始画画，平时

kàn dào de zhú zi， jiù huì chū xiàn zài
看到的竹子，就会出现在

tā de yǎn qián。
他的眼前。

yì tiān tā huà wán huà jiù chū qù le
一天，他画完画，就出去了。

huí lái shí yì zhī xiǎo māo zhèng zài huà shang wán ne
回来时，一只小猫正在画上玩呢。

xiǎo māo bǎ huà shang de zhú zi dāng chéng zhēn de le
小猫把画上的竹子当成真的了。

kě jiàn tā huà de yǒu duō hǎo
可见他画得有多好。

dāng rén men shuō tā huà de hěn hǎo shí tā zǒng shì
当人们说他画得很好时，他总是

shuō wǒ zhǐ shì bǎ xīn zhōng de zhú zi huà xià lái a
说：“我只是把心中的竹子画下来啊。”

【思考】

zhè gè rén hěn huì zuò shén me
1. 这个人很会做什么？

What was this person good at?

tā zěn yàng wán shàn tā de huà jì
2. 他怎样完善他的画技？

What did he do to perfect his skill?

wèi shén me tā huà zhú zi huà de zhè me hǎo
3. 为什么他画竹子画得这么好？

Why do you think he was so good at painting bamboo trees?

nǐ zhī dào zhú zi yǒu shén me yòng chù ma qǐng jǔ jǐ gè lì zi
4. 你知道竹子有什么用处吗？请举几个例子。

Do you know what bamboos can be used for? Give some examples.

shuō dào zhú zi huò zhě zhú lín nǐ huì xiǎng dào shén me
5. 说到竹子或者竹林，你会想到什么？

What do you associate with bamboos or bamboo trees?

【生词】

胸	xiōng	chest, mind
成竹	chéng zhú	formed bamboo
胸有成竹	xiōng yǒu chéng zhú	have a plan in mind to do to cope with something
心	xīn	heart
形象	xíng xiàng	image
平时	píng shí	ordinarily
出现	chū xiàn	to appear
回来	huí lái	to come back
当成	dāng chéng	to regard as, to take something as

【英文】

Have a well-thought-out plan

There was once a man who loved to paint bamboos.
He planted a lot of bamboo trees around his house .
Everyday, he would go out and look at the bamboos.
With time, images of bamboo trees of all shapes and kinds formed in his mind.
As soon as he started to paint, the bamboos of various shapes he had seen would pop into his mind.
One day, after he had painted, he went out.
When he returned, a cat was playing on his painting.
The cat had mistaken the bamboo tree painting for real bamboos.
That showed how good he was.
When people praised him for painting so well, he would say humbly, "I am only painting the bamboos in my mind."

huà bǐng chōng jī

画饼充饥

hěn jiǔ yǐ qián, yǒu yí gè rén, yòu lǎn yòu bèn

很久以前，有一个人，又懒又笨。

tā shén me shì dōu bú zuò, yě bú huì zuò

他什么事都不做，也不会做。

yí qiè dōu yào yī kào tā de fù mǔ
一切都要依靠他的父母。

yì tiān tā de bà ba mā ma yào chū yuǎn mén bù
一天，他的爸爸妈妈要出远门，不

néng dài tā yì qǐ qù
能带他一起去。

mā ma jiù zuò le hěn duō bǐng ràng tā è de shí hou
妈妈就做了很多饼，让他饿的时候

chī
吃。

bà ba mā ma zǒu hòu zhè gè rén è le jiù chī
爸爸妈妈走后，这个人饿了就吃

bǐng kùn le jiù shuì jiào
饼，困了就睡觉。

bú dào liǎng tiān, bǐng jiù chī wán le

不到两天，饼就吃完了。

kě shì fù mǔ sān tiān hòu cái
可是，父母三天后才

huì huí lái jiā lǐ méi yǒu dōng xi chī
会回来，家里没有东西吃

le zěn me bàn ne
了，怎么办呢？

hòu lái tā è de shí zài bù xíng le jiù zài dì

后来，他饿得实在不行了，就在地

shang huà le yí gè quān yàng zi kàn qǐ lái hé mā ma zuò de

上画了一个圈，样子看起来和妈妈做的

bǐng chà bù duō

饼差不多。

tā gāo xìng de kàn zhe zì jǐ huà
他高兴地看着自己画

de bǐng kě shì dù zi què yuè lái yuè
的饼，可是肚子却越来越

è le zěn me yì diǎn'r yě méi
饿了。“怎么一点儿也没

yòng ya
用呀？”

【思考】

zhè gè rén shì gè shén me yàng de rén
1. 这个人是个什么样的人？
What kind of a person was this man?

tā yí gè rén shēng huó ma
2. 他一个人生活吗？
Did he live alone?

tā yù dào le shén me shì qing
3. 他遇到了什么事情？
What happened to him?

tā è de shí hou zuò le shén me
4. 他饿的时候，做了什么？
What did he do to help his hunger?

zhè gè chéng yǔ shì shén me yì si
5. 这个成语是什么意思？
What does this idiom mean?

【生词】

画	huà	to draw
饼	bǐng	bread, cake
充	chōng	to fill
饥	jī	hunger
画饼充饥	huà bǐng chōng jī	Draw a bread to stave off hunger; being delusional
很久以前	hěn jiǔ yǐ qián	a long time ago
懒	lǎn	lazy
一切	yí qiè	everything, all
依靠	yī kào	to rely on

父母	fù mǔ	parents
出远门	chū yuǎn mén	to make a long trip, to go far away
许多	xǔ duō	a lot of
高兴地	gāo xìng de	happily
困	kùn	to feel sleepy
后来	hòu lái	afterwards
实在	shí zài	indeed, truly, in fact
地上	dì shang	on the ground
圈	quān	circle
样子	yàng zi	appearance, shape
越来越	yuè lái yuè	more and more

【英文】

Draw cake to allay hunger

A long time ago, there was a man who was not only lazy but not very bright. He did nothing all day and depended entirely on his parents.
One day, his parents had to make a trip but could not bring him.
His mother made a lot of bread for him to eat while they were gone.
After his parents left, he ate when hungry and slept when tired. He finished the bread in less than two days.
But his parents would not return for another three days. There was nothing more to eat.
Finally, when he could not take the hunger any longer, he drew a circle on the ground, just about the same shape and size as the bread his mother made him.
He looked happily at the bread he drew, yet he was getting hungrier and hungrier.
"Why didn't the drawing help at all?"

shuǐ dī shí chuān
水滴石穿

cóng qián yǒu yí gè xiàn guān yì tiān tā kàn dào

从前，有一个县官。一天，他看到

yí gè rén hěn kuài de cóng kù fáng lǐ chū lái jiù jiào zhù le

一个人很快地从库房里出来，就叫住了

tā

他。

yuán lái zhè rén shì gè xiǎo tōu tā tōu le yì méi tóng qián
原来这人是个小偷，他偷了一枚铜钱。

xiàn guān jiù yào chéng fá tā
县官就要惩罚他。

zhè gè rén hěn bù fú qì shuō
这个人很不服气，说：

yì méi xiǎo qián yǒu shén me liǎo bù qǐ
“一枚小钱有什么了不起？”

xiàn guān duì tā shuō yì tiān ná yì méi tóng qián
县官对他说："一天拿一枚铜钱，

yì qiān tiān jiù shì yì qiān méi jiù xiàng shuǐ dī shí tou yí
一千天就是一千枚，就像水滴石头一

yàng shuǐ měi tiān bù tíng de dī rì zi cháng le yí yàng
样，水每天不停地滴，日子长了，一样

néng dī chuān shí tou
能滴穿石头。"

zhè gè rén tīng le bú zài shuō huà le jiē shòu le
这个人听了，不再说话了，接受了

chéng fá
惩罚。

【思考】

gù shi lǐ yǒu nǎ liǎng gè rén wù
1. 故事里有哪两个人物？

Who were the two main characters?

tā men zài nǎ'r
2. 他们在哪儿？

Where were they?

fā shēng le shén me shì
3. 发生了什么事？

What happened?

xiàn guān chéng fá xiǎo tōu de lǐ yóu shì shén me
4. 县官惩罚小偷的理由是什么？

What was the official's reason for punishing the petty thief?

nǐ rèn wéi zhè yàng gōng píng ma rú guǒ shì nǐ nǐ huì zěn me zuò
5. 你认为这样公平吗？如果是你，你会怎么做？

Do you think it was fair? What would you do?

zhè gè chéng yǔ de yì si shì shén me
6. 这个成语的意思是什么？

What is the meaning of this idiom?

【生词】

水滴	shuǐ dī	water drop dripping	石	shí	rock, stone
穿	chuān	to penetrate, go through			
水滴石穿	shuǐ dī shí chuān	Constant dripping can penetrat a rock; persistent efforts or actions will eventually bring results.			
枚	méi	[a measure word for small items, similar to 个]			
县官	xiàn guān	county official	了不起	liǎo bù qǐ	extraordinary
小偷	xiǎo tōu	thief	用	yòng	to use
库房	kù fáng	warehouse	石头	shí tou	rock, stone
原来	yuán lái	to turn out to be	接受	jiē shòu	to accept
偷	tōu	to steal	像…一样	xiàng…yí yàng	to be like...
铜钱	tóng qián	copper coin	日子	rì zi	life; days
惩罚	chéng fá	to punish			
服气	fú qì	to be convinced			

【英文】

Constant dripping wears the stone

Once upon a time, there was a county official. One day he saw a person hurriedly walked out of a warehouse. He called for the man to stop. It turned out this person was a petty thief. He stole a small coin. The county official ordered that the man be given a punishment.
The petty thief felt this was unfair and shouted out, “What’s the big deal with just one small piece of coin?”
The official said to him, “One coin a day makes 1000 coins in a thousand days, much like dripping water on rock; with time, the rock would be penetrated.”

pāo zhuān yǐn yù

抛砖引玉

gǔ shí hou yǒu yí gè rén tā de shī xiě de hěn hǎo
古时候，有一个人，他的诗写得很好。

kě shì tā zǒng rèn wéi zì jǐ de shī méi yǒu bié rén xiě de hǎo
可是，他总认为自己的诗没有别人写得好。

yǒu yí cì tā tīng shuō yǒu yí gè hěn bàng de shī rén
有一次，他听说有一个很棒的诗人

yào lái yóu wán xīn lǐ shí fēn gāo xìng tā xiǎng zhè kě
要来游玩，心里十分高兴，他想：这可

shì yí gè xiàng tā xué xí de hǎo jī huì
是一个向他学习的好机会。

kě shì yòng shén me bàn fǎ cái néng ràng shī rén liú xià
可是，用什么办法才能让诗人留下

hǎo shī ne
好诗呢？

tā xiǎng dào le yí gè bàn fǎ
他想到了一个办法。

tā lái dào shī rén yóu wán de dì fang zài
他来到诗人游玩的地方，在

qiáng shang xiě xià le bàn shǒu shī
墙上写下了半首诗。

清晨入古寺
初日照高林

潭影空人心

hòu lái nà wèi shī rén kàn dào qiáng shang yǒu bàn shǒu

后来，那位诗人看到墙上有半首

shī jiù tí bǐ zài hòu miàn bǔ shàng le jǐ jù

诗，就提笔在后面补上了几句。

zhè gè rén fēi cháng gāo xìng tā yòng zì jǐ bú shì hěn

这个人非常高兴，他用自己不是很

hǎo de qián bàn shǒu shī huàn lái le shī rén jīng cǎi de hòu bàn

好的前半首诗，换来了诗人精彩的后半

shǒu shī

首诗。

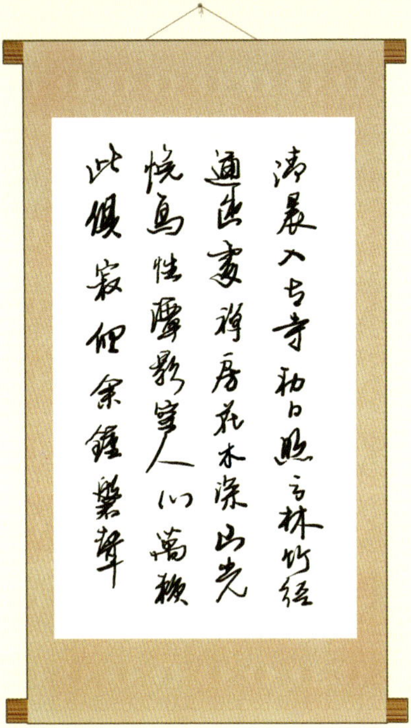

yīn wèi shī rén xù xiě de hòu bàn shǒu shī bǐ qián bàn shǒu
因为诗人续写的后半首诗比前半首

shī hǎo rén men jiù shuō zhè gè bàn fǎ zhēn shì pāo
诗好，人们就说：这个办法，真是“抛

zhuān yǐn yù le
砖引玉”了。

【思考】

zhè gè rén shì shéi tā xǐ huān zuò shén me

1. 这个人是谁？他喜欢做什么？

Who was the man? What did he like to do?

gù shi lǐ fā shēng le shén me shì

2. 故事里发生了什么事？

What happened in the story?

wèi shén me tā zhǐ xiě le bàn shǒu shī

3. 为什么他只写了半首诗？

Why did he only write half a poem?

shéi wán chéng le hòu bàn shǒu shī

4. 谁完成了后半首诗？

Who completed the other half of the poem?

tā zhè yàng zuò de mù dì shì shén me

5. 他这样做的目的是什么？

What was the purpose of his action?

rú guǒ nǐ hěn xiǎng dé dào yí gè dōng xi nǐ huì zěn yàng dé dào tā

6. 如果你很想得到一个东西，你会怎样得到它？

If you really want something, how would you go about getting it?

【生词】

抛	pāo	to throw, cast out	怎样	zěn yàng	how
砖	zhuān	brick	留下	liú xià	to leave behind
引	yǐn	to attract	半	bàn	half
玉	yù	jade	首	shǒu	[a measure word for songs and poems]
诗	shī	poem			
总	zǒng	always	补	bǔ	to make up for
认为	rèn wéi	to think, feel	换	huàn	to exchange
听说	tīng shuō	to hear of	精彩	jīng cǎi	excellent, spectacular
游玩	yóu wán	to tour	续写	xù xiě	to continue to write

【英文】

Cast a brick to attract jade

In ancient times, there was a man who could write good poetry, but he always felt his poems were not good enough.

One day, he heard that a top poet was coming to town. He was very happy. He thought to himself, "This is a great opportunity to learn from that poet."

But how could he get the poet to write a poem?

He came up with an idea.

He went to the place where the poet was to visit and wrote half a poem on the wall.

When the poet arrived and saw the half-written poem on the wall, he took out his brush and added two lines to complete the poem.

The man was elated. He was able to use his not so well-written first half of a poem to get a beautifully- written second half.

Because the famous poet's completion of the second half of the poem was much better than the first half, people said this was like "throwing out a brick to attract a piece of jade."

bān mén nòng fǔ

班门弄斧

cóng qián yǒu yí gè gōng jiàng míng zì jiào lǔ bān

从前，有一个工匠，名字叫鲁班。

tā hěn huì shǐ yòng fǔ tou hái fā míng le hěn duō dōng xi

他很会使用斧头，还发明了很多东西。

yí cì pá shān de shí hou
一次，爬山的时候，

tā de shǒu bèi xiǎo cǎo huá pò le zhè
他的手被小草划破了。这

gěi le tā yí gè zhǔ yi
给了他一个主意。

tā mó fǎng cǎo yè fā míng le
他模仿草叶，发明了

jù zi
锯子。

xià yǔ tiān kàn dào hé yè dǐ xià méi yǒu yǔ zhè
下雨天，看到荷叶底下没有雨，这

yòu gěi le tā yí gè zhǔ yi
又给了他一个主意。

tā mó fǎng hé yè fā míng le yǔ sǎn
他模仿荷叶，发明了雨伞；

lǔ bān hái fā míng le suǒ tī zi hé xǔ duō qí
鲁班还发明了锁、梯子和许多其

tā de dōng xi dà jiā dōu hěn pèi fú tā
他的东西，大家都很佩服他。

yīn wèi lǔ bān néng yòng fǔ tou zuò chū nà me duō de dōng xi
因为鲁班能用斧头做出那么多的东西，

bié de gōng jiàng dōu bù gǎn zài tā miàn qián shǐ yòng fǔ tou
别的工匠都不敢在他面前使用斧头。

cóng nà yǐ hòu rén men shuō bān mén nòng
从那以后，人们说“班门弄

fǔ lái biǎo shì qiān xū yì si shì zì jǐ huò
斧”来表示谦虚，意思是自己或

bié rén de běn lǐng bǐ bú shàng zhēn zhèng de zhuān jiā
别人的本领比不上真正的专家。

bān mén shì zhǐ zài lǔ bān de jiā mén qián
“班门”是指在鲁班的家门前，

yě jiù shì zhuān jiā miàn qián de yì si nòng
也就是专家面前的意思。“弄

fǔ shì zhǐ shǐ yòng fǔ tou yě jiù shì biǎo xiàn
斧”是指使用斧头，也就是表现

běn lǐng de yì si
本领的意思。

【思考】

lǔ bān hěn huì zuò shén me
1. 鲁班很会做什么？
What was Lu Ban good at?

tā fā míng le shén me
2. 他发明了什么？
What did he invent?

nǐ xiǎng lǔ bān wèi shén me hěn huì fā míng dōng xi
3. 你想鲁班为什么很会发明东西？
Why do you think Lu Ban was so good at inventing things?

nǐ rèn shi de rén lǐ miàn yǒu xiàng lǔ bān de ma tā huò tā shì shén me yàng de ne
4. 你认识的人里面有像鲁班的吗？他或她是什么样的呢？
Do you know anyone who is like Lu Ban? Can you describe him or her?

nǐ xǐ huān dòng shǒu zuò dōng xi ma nǐ huì zuò shén me dōng xi
5. 你喜欢动手做东西吗？你会做什么东西？
Do you like to work with your hands? What can you make?

【生词】

班	bān	Given name of Lu Ban
门	mén	door
弄	nòng	to play [with something]
工匠	gōng jiàng	craftsman
使用	shǐ yòng	to use
斧头	fǔ tou	axe
划破	huá pò	to cut open
主意	zhǔ yi	idea
模仿	mó fǎng	to imitate, model after
发明	fā míng	to invent
锯子	jù zi	saw
荷叶	hé yè	lotus leaf
底下	dǐ xià	under, below
雨伞	yǔ sǎn	umbrella
锁	suǒ	lock
佩服	pèi fú	to admire
谦虚	qiān xū	modest
比不上	bǐ bú shàng	not as good as, cannot compare with
表现	biǎo xiàn	to show
专家	zhuān jiā	expert
意思	yì si	meaning
或	huò	or

【英文】

Show off one's skill before an expert

Long ago, there was a craftsman by the name of Lu Ban. He was really good at using the axe as a tool to create things.
Once, while hiking on a hill, he cut his finger on a blade of grass. That gave him an idea. Modeling after the blade of grass, he invented a saw.
Once on a rainy day, he saw how a lotus leaf could shield the rain. That gave him an idea. Modeling after the lotus leaf, he invented an umbrella.
Lu Ban also invented the lock, the ladder and many other things. People all admired him.
Because Lu Ban was able to use an axe to help create so many things, other craftsmen did not dare to use axe in front of him.
From then on, people created the idiom "班门弄斧" to express humbleness, implying oneself or others are not as good as the real experts.

The meaning of "班门" means Lu Ban's front door, implying "being in front of an expert." "弄斧" means using an axe, implying a display of ability.